Mi hermoso país

Fabiola Sepulveda

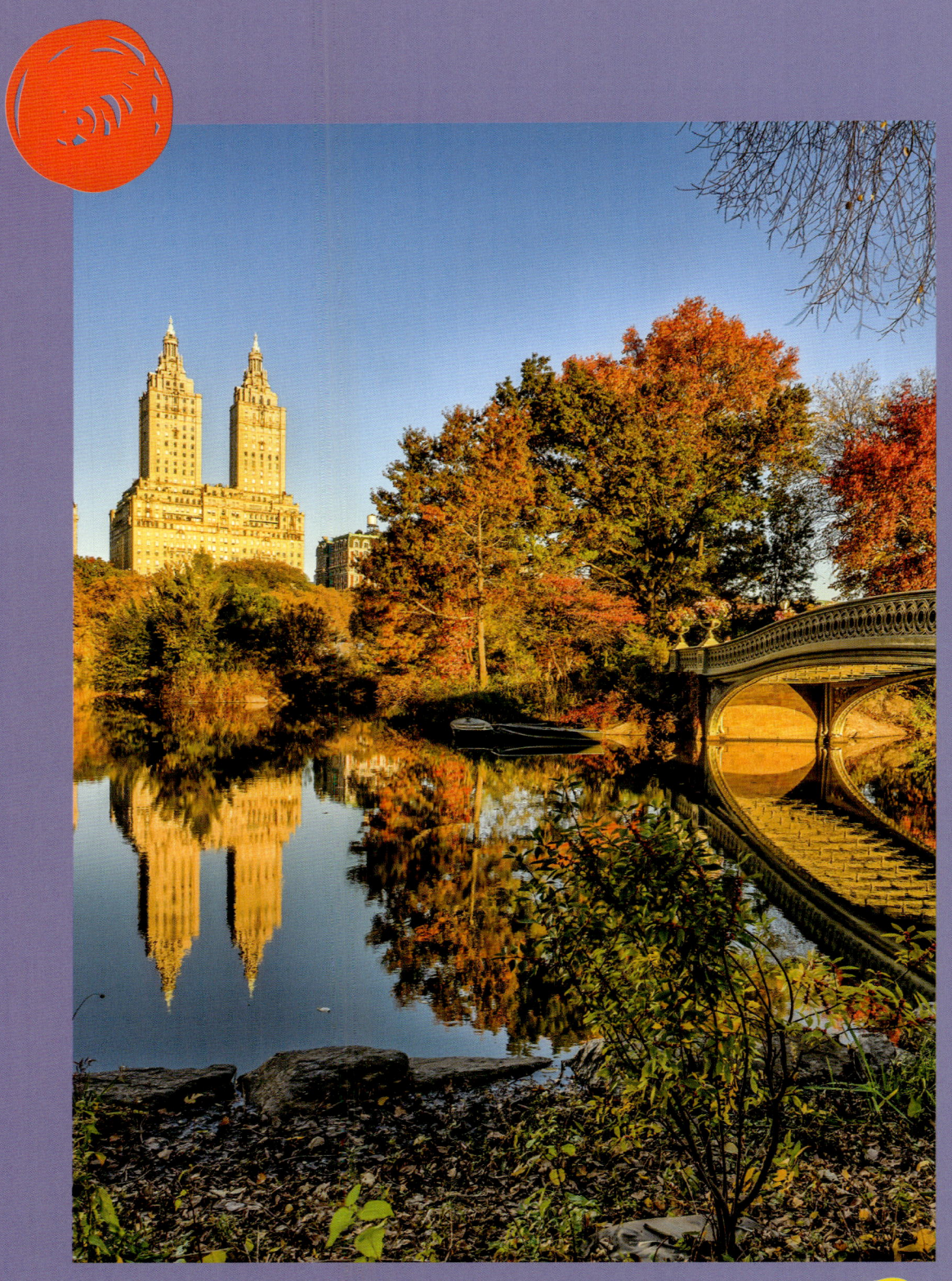

Notas para los adultos

Este libro sin palabras ofrece una valiosa experiencia de lectura compartida a los niños que aún no saben leer o que están empezando a aprender a leer. Los niños pueden mirar las páginas para obtener información a partir de lo que ven y también pueden sugerir textos posibles para contar la historia que quieren narrar.

Para ampliar esta experiencia de lectura, realice una o más de las siguientes actividades:

Comente con el niño qué hace que un lugar sea hermoso.

Al mirar las imágenes y contar la historia, introduzca elementos de vocabulario, como las siguientes palabras:

- agua
- arena
- cañón
- cascada
- cataratas
- cielo
- cueva
- hierba
- montaña
- océano
- playa
- río
- rocas
- tierra
- valle

Pregúntele al niño qué haría en cada uno de esos paisajes. ¿Han estado ustedes en alguno de esos lugares o en un lugar parecido?

Después de mirar las imágenes, vuelvan al libro una y otra vez. Volver a leer es una excelente herramienta para desarrollar destrezas de lectoescritura.

Hablen de las imágenes y lo que ven en ellas. Encontrará una lista de los lugares en la página 24.

Asesora

Cynthia Malo, M.A.Ed.

Créditos de publicación

Rachelle Cracchiolo, M.S.Ed., *Editora comercial*
Emily R. Smith, M.A.Ed., *Vicepresidenta superior de desarrollo de contenido*
Véronique Bos, *Vicepresidenta de desarrollo creativo*
Dona Herweck Rice, *Gerenta general de contenido*
Caroline Gasca, M.S.Ed., *Gerenta general de contenido*

Créditos de imágenes: todas las imágenes cortesía de iStock y/o Shutterstock

Library of Congress Cataloging-in-Publication Data

Names: Sepulveda, Fabiola, author.
Title: Mi hermoso país / Fabiola Sepulveda.
Other titles: My beautiful country. Spanish
Description: Huntington Beach, CA : Teacher Created Materials, [2025] |
  Original title: My beautiful country. | Audience: Ages 3-9 | Summary:
  "From sea to shining sea, the United States is filled with beautiful
  places to see and visit"-- Provided by publisher.
Identifiers: LCCN 2024028112 (print) | LCCN 2024028113 (ebook) | ISBN
  9798765961858 (paperback) | ISBN 9798765966808 (ebook)
Subjects: LCSH: United States--Pictorial works--Juvenile literature.
Classification: LCC E178.5 .S4718 2025 (print) | LCC E178.5 (ebook) | DDC 917.3--dc23/eng/20240709

pág. 2 Cascada del Arcoíris, Hawái
pág. 3 Oahu, Hawái
págs. 4 y 5 Parque Nacional Bahía de los Glaciares, Alaska
pág. 6 Parque Nacional Yosemite, California
pág. 7 Curva de la Herradura, Arizona
págs. 8 y 9 Parque Nacional Yellowstone, Wyoming
pág. 10 Parque Nacional Zion, Arizona
pág. 11 Durango, Colorado
pág. 12 Duluth, Minnesota
pág. 13 Lago Míchigan, Illinois
pág. 14 Ciudad de Nueva York, Nueva York
pág. 15 Myrtle Beach, Carolina del Sur
págs. 16 y 17 Everglades, Florida
págs. 18 y 19 San Juan, Puerto Rico
págs. 20 y 21 Cataratas del Niágara, Nueva York

TCM | Teacher Created Materials

5482 Argosy Avenue
Huntington Beach, CA 92649
www.tcmpub.com
ISBN 979-8-7659-6185-8
© 2025 Teacher Created Materials, Inc.
Printed by: 926. Printed in: Malaysia. PO#: PO13820